SŁUP

The Polish Poster Column

By Zupagrafika

David Navarro

Martyna Sobecka

Foreword | Prolog:

Katarzyna Matul

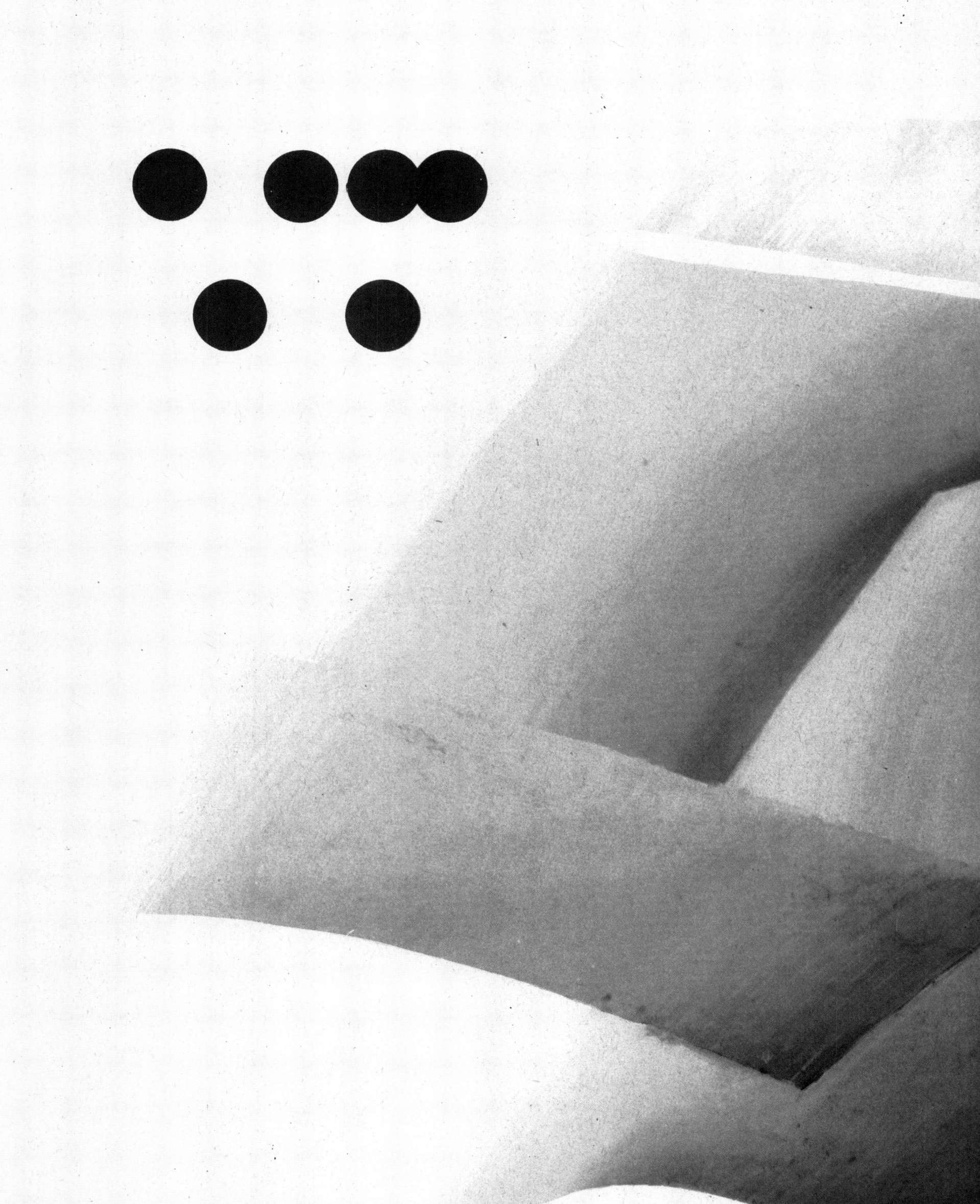

Contents | Spis Treści

—

Foreword	Prolog	5
Pull-out posters	Plakaty do wyrwania	13
Poster column model	Słup ogłoszeniowy do złożenia	35
Bio	45
Acknowledgements	Podziękowania	49

Street art

"A winged camel", "a peculiar, somewhat ambiguous creature", "neither fish, nor fowl" are some of the ways Jan Lenica described posters.[1] Józef Mroszczak added to these descriptions calling a poster an "artefact endowed with two souls".[2] Although unanimously considered works of art by both art gurus and ordinary aficionados, the PRL (Polish People's Republic)-era posters never completely deviated from their function as conveyors of information. Befitting of non-capitalist poster art, this function never prevailed over all other functions. On the one hand, these Polish posters would be framed, displayed well in air-conditioned halls, and marvelled at within museum exhibits. At the same time they would be pasted on fences, walls, or poster columns, exposed to fluctuating weather conditions. While they did convey information about events, agitate, or even advertise products, they were primarily viewed as "street art", and were manifestly "democratic" in that they were accessible and legible to everyone.

The Polish poster of the post-war era owes its reputation to such artists as Henryk Tomaszewski, Eryk Lipiński, Tadeusz Trepkowski, Józef Mroszczak, Jan Lenica, Wojciech Fangor, Roman Cieślewicz, Wojciech Zamecznik, Jan Młodożeniec, Wiktor Górka, Jerzy Flisak and Witold Janowski who saw the potential for original artistic expression in this seemingly simple informative medium. All of these artists worked under the new political system where the economy was centrally planned, and the private sector, competition, and advertisement as such did not exist at all. These seemingly ideal conditions, however, were in reality not ideal for graphic designers. In fact, freedom from commercialism meant that the works were constrained by communist political propaganda, with the 1949 doctrine of Socialist Realism being one of its most painful manifestations for artists. In response to intensifying political and propaganda directives, Polish graphic artists began to play a peculiar game with the authorities; they would agree to abide by the ideological outlines, while simultaneously

Sztuka ulicy

„Skrzydlaty wielbłąd", „stworzenie dziwne, jakby dwuznaczne", „ni pies, ni wydra" – pisał o plakacie Jan Lenica[1]. „Utwór obdarzony dwiema duszami" – dodawał Józef Mroszczak[2]. Choć okrzyknięty jednogłośnie dziełem sztuki zarówno przez autorytety artystyczne, jak i zwykłych amatorów sztuki, polski plakat okresu PRL-u nigdy całkowicie nie zrezygnował ze swojej funkcji informacyjnej. Jednak, jak przystało na plakat wykonywany w ustroju niekapitalistycznym, funkcja ta nigdy w nim nie dominowała. Zyskał nobilitację jako obiekt muzealny oprawiony i estetycznie wyeksponowany w specjalnie klimatyzowanych salach wystawowych, a jednocześnie był narażony na zmienne warunki atmosferyczne wisząc na parkanach, murach miejskich czy słupach ogłoszeniowych. Owszem, informował o wydarzeniach, agitował lub nawet reklamował produkty, lecz był uważany przede wszystkim za „sztukę ulicy", najbardziej „demokratyczny" jej przejaw, dostępny i przystępny dla wszystkich.

W okresie powojennym polski plakat zawdzięcza swoją renomę takim artystom jak Henryk Tomaszewski, Eryk Lipiński, Tadeusz Trepkowski, Józef Mroszczak, Jan Lenica, Wojciech Fangor, Roman Cieślewicz, Wojciech Zamecznik, Jan Młodożeniec, Wiktor Górka, Jerzy Flisak czy Witold Janowski, którzy w tym z pozoru skromnym medium informacyjnym dostrzegli potencjał dla artystycznego, autorskiego wyrazu. Tworzyli oni w warunkach nowego systemu politycznego i gospodarczego, który charakteryzował się scentralizowanym rynkiem i brakiem prywatnej przedsiębiorczości, konkurencji i reklamy. Była to jednak tylko z pozoru wymarzona dla grafika sytuacja. Uwolnienie od komercji wiązało się nieuchronnie z ograniczeniami politycznymi i propagandowymi, wynikającymi z narzuconego systemu komunistycznego. Wprowadzenie w 1949 roku doktryny socrealizmu stanowiło dla artystów jeden z boleśniejszych jego przejawów. Wobec zacieśniającego się splotu dyrektyw politycznych i propagandowych polscy graficy

A poster column at the intersection of Jerozolimskie Avenue and Nowy Świat Street, Warsaw, 1989

Słup z afiszami u zbiegu Alei Jerozolimskich i ul. Nowy Świat. Warszawa, 1989

criticising the stylistic requirements for posters, all in the name of art education for the "masses".

Graphic designers did everything in their power to convince the government that artists could be trusted in choosing the most appropriate art forms that would be in service to the people. This was their way of quietly regaining their creative freedom. As a result, primarily in the field of cultural posters, they were able to work with no restraints from the mid-1950s. Political posters remained under much stricter control and censorship throughout the existence of the Polish People's Republic. Soon, the streets of Polish cities began to resemble an open gallery. Every new poster that was hung in public space would immediately attract the close attention of passers-by, including, of course, collectors and experts.

'We would break something and, at the same time, do something that would later be recognized around the world. We had no such ambitions. We did our job and then went for some vodka in the evening.'

Film posters became the laboratories where a new visual language was developed. Looked down upon initially as unworthy of self-respecting graphic artists in the interwar period, after WWII poster design evolved into an important field for experiments by Henryk Tomaszewski, Eryk Lipiński, Jan Mucharski, and Wojciech Zamecznik. Years later Tomaszewski remarked that:

> "We were looking for our own style. It seemed to me that, among other things, [...] we simply couldn't make these posters the way they wanted. [...] We didn't want to do it [...] because it was torture. [...] We started creating a kind of grammar and style of our own accord, without realizing that we would break something and, at the same time, do something that would later be recognized around the world. We had no such ambitions. We did our job and then went for some vodka in the evening."[3]

As Tomaszewski recalls, film posters were practically useless for film promotion. Since there was only one state-owned film distribution company, the posters lacked the persuasive function necessary in competitive capitalist systems. Moreover, cinema was one of the very few leisure activities available at that

podjęli z władzami swoistą grę: zapewniając o akceptacji założeń ideologicznych, jednocześnie krytykowali stylistyczne zalecenia wobec plakatu. Odbywała się ona pod hasłem artystycznej edukacji „mas". Graficy próbowali przekonać władze polityczne, że mogą zaufać artystom w kwestii wybrania najodpowiedniejszej

„Tu rozwalimy coś a zrobimy coś, co się rozniesie potem po świecie. Myśmy takiej ambicji nie mieli, myśmy robili swoją robotę, potem szliśmy na wódkę wieczorem."

formy sztuki, która będzie służyć ludowi, i w ten sposób przemycali tak naprawdę własną wolność twórczą. Dzięki temu już od połowy lat 50. mogli spokojnie praktykować, przede wszystkim w dziedzinie plakatu o tematyce kulturalnej; plakat polityczny pozostawał pod ściślejszą kontrolą ze strony cenzury przez cały okres PRL-u. I tak ulice polskich miast przekształciły się w otwartą galerię, a pojawienie się każdego nowego plakatu było z uwagą odnotowywane przez przechodniów, wśród których znajdowali się oczywiście również kolekcjonerzy i znawcy.

Laboratorium nowego języka plastycznego był plakat filmowy. W okresie międzywojennym uznawany za dziedzinę niegodną szanującego się grafika, stał się dla Henryka Tomaszewskiego, Eryka Lipińskiego, Jana Mucharskiego czy Wojciecha Zamecznika ciekawym polem eksperymentu. Tak o tym mówił po latach Tomaszewski:

> „Szukaliśmy własnego wzoru. Mnie się wydaje, że między innymi było i to, trzeba się przyznać [...], że myśmy po prostu nie umieli tych plakatów robić jak oni by chcieli. [...] I nam się nie chciało tego robić [...] bo to była męka. [...] Ale jakąś gramatykę, stylistykę jakąś zaczęliśmy wytwarzać sami z siebie bez świadomości, że tu rozwalimy coś a zrobimy coś, co się rozniesie potem po świecie. Myśmy takiej ambicji nie mieli, myśmy robili swoją robotę, potem szliśmy na wódkę wieczorem."[3]

Jak wspomina Tomaszewski, plakaty filmowe były właściwie bezużyteczne dla promocji filmu. Ponieważ istniała tylko jedna scentralizowana, krajowa firma zajmująca się dystrybucją filmów, plakatowi filmowemu brakowało funkcji perswazyjnej, niezbędnej w systemie kapitalistycznej konkurencji. Ponadto kino

time (the number of cinemas decreased significantly in the aftermath of WWII). Thus, the screening rooms were always full, regardless of the repertoire. Tomaszewski recalled that it was the queues in front of the cinemas that were the best indication of the film's quality: "the crowd played the role of a poster, not our drawings."[4]

Freed from the necessity to act as effective advertisements, posters could gain new status. As Tomaszewski concluded, "This graphic design was identical to painting, no rules applied. I paid more attention to formal values than to professional rules." He later added, "At that time, everyone was in the process of looking for their own ways in this new something that was yet unknown."[5]

Hence, one of the most important criteria for evaluating posters at that time was individualism. As Lenica wrote:

było jedną z niewielu dostępnych wówczas atrakcji (w wyniku zniszczeń wojennych liczba kin znacząco się zmniejszyła), w efekcie czego sale projekcyjne były zawsze pełne, niezależnie od repertuaru. Tomaszewski wspominał, że to kolejki przed kinami najlepiej wskazywały, czy film jest dobry: „tłum pełnił rolę plakatu, a nie nasze rysunki"[4].

Pozbawiony przymusu bycia skuteczną reklamą plakat zyskał nowy status. Tomaszewski tak podsumowywał: „Ta grafika to było to samo co malarstwo, nie było żadnych reguł. Zwracałem większą uwagę na wartości formalne niż na reguły profesjonalne". I dodawał: „Każdy był wtedy na etapie szukania siebie w tym czymś innym, czego nie znał"[5].

W ten sposób jednym z najistotniejszych ówczesnych kryteriów oceny plakatu był indywidualizm. Pisał o tym Lenica:

△

A woman putting up posters in Warsaw, 1971

Kobieta rozklejająca plakaty w Warszawie, 1971

▷▷

Tourism themed poster exhibition and commuters waiting for a train in Śródmieście Station in Warsaw, 1963

Podróżni przed wystawą plakatów turystycznych, Dworzec Śródmieście w Warszawie, 1963

"I knew the place, it was the street. (...) I knew my colleagues' work. I had to act against them. I had to be different. I would jump in with quite brutal references to expressive means of action, between elegant, 'pretty' and chic posters. When the street was colourful, amusing, I would resign from colour and do monochromatic things. When stylistic uniformity prevailed, I reached for other, different means."[6]

The competition between designers resulted in excellent visual effects over time. Posters began to amuse passers-by with their expressive, personal, subjective character, and unconstrained directness of pictorial gesture both in drawings and typography. Due to censorship, the authors made frequent use of metaphor, symbol, humour, all of which became important means of expression. It was at that time that this work began to be identified as the "Polish School of Posters" and gained recognition far beyond the borders of Poland and the Iron Curtain. Its extremely interesting and artistic character also

„Znałem teren, to była ulica. (...) Znałem inne prace kolegów. Musiałem działać przeciwko nim. Musiałem być inny. Pomiędzy plakaty eleganckie, 'ładne', szykowne wskakiwałem dość brutalnie odwołując się do ekspresyjnych środków wyrazu działania. Gdy ulica była kolorkowa, rozbawiona, rezygnowałem z koloru, robiłem rzeczy monochromatyczne. Gdy zapanował uniformizm środków stylistycznych, sięgałem do innych, odmiennych"[6].

Rywalizacja pomiędzy grafikami dała z czasem doskonałe efekty wizualne, a ich plakaty zaczęły zachwycać przechodniów swoim ekspresyjnym, osobistym i subiektywnym charakterem, bezpośredniością gestu obrazowego w rysunku i typografii. Ze względu na ograniczenia związane z cenzurą autorzy chętnie sięgali po metaforę, symbol, humor, czyniąc z nich ważny środek wyrazu. To wtedy twórczość tę zaczęto nazywać „polską szkołą plakatu", a jej renoma sięgnęła daleko poza granice Polski i żelazną kurtynę. Niezwykle ciekawy, artystyczny charakter tych plakatów stał się również argumentem za stworzeniem pierwszego w

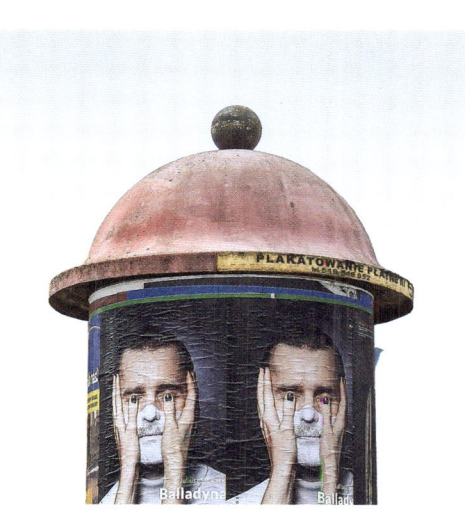

The Polish urban landscape is dotted with different types of advertising columns which remain functional to this day

Polski krajobraz miejski usiany jest słupami ogłoszeniowymi w różnym stylu, które do dziś spełniają swoją funkcję

led to the opening of the world's first Poster Museum, established in Wilanów in 1968 as a branch of the National Museum in Warsaw. It also inspired the only event of this kind in the world: the International Poster Biennale, organised for the first time in 1966.

Nonetheless, despite the institutionalisation that brought Polish posters irrefutable prestige, the street remained their natural element. They embellished the dilapidated, grey walls and solid fences they were pasted on like bright butterflies. Another popular form of poster display was the advertising column designed in 1854 by Ernst Litfass.[7] They were intended as means

'Soon, the streets of Polish cities began to resemble an open gallery. Every new poster that was hung in public space would immediately attract the close attention of passers-by.'

of organising public space, however they were not visually dominating or imposing enough to serve this function. The lack of proper rules regulating outdoor advertising after the political transformation of 1989 only added to the already considerable spatial and aesthetic chaos of the urban environment. Compared to contemporary visual noise, the beautiful, intelligent, and thought-provoking posters by Polish masters, hanging on shabby walls, fences, and poster columns, seem to be an unsurpassed ideal that a modern street can only dream of.

—

1. SPIEGEL, Krystyna (ed.) *Street Museum. Polish poster in the collection of the Poster Museum in Wilanów*, Warsaw, Krupski i S-ka Publishers, 1996, p.64.
2. MATUSIŃSKA, Maria; MITSCHEIN, Barbara. *1st International Poster Biennale*, Warsaw, 1966, exhibition catalogue, p.7.
3. *Henryk Tomaszewski*, documentary film directed by Daniel Szczechura from 1995.
4. *Ibid.*
5. *Ibid.*
6. SPIEGEL Krystyna (ed.), *Street Museum. Polish poster in the collection of the Poster Museum in Wilanów*, Warsaw, Krupski i S-ka Publishers, 1996, p. 66.
7. A dozen such poster columns were erected in Warsaw in 1894 by the entrepreneur Koepke. Only one has survived to this day and can be found in Unii Lubelskiej Square. ŁUCZAK Aleksandra, *Retro advertisement. Behind the scenes of the Warsaw advertising business of the 19th century*, Warsaw, Neriton Publishers, 2012.

świecie Muzeum Plakatu, które powstało w Wilanowie w 1968 r. jako oddział Muzeum Narodowego w Warszawie, a także jedynej na świecie tego typu imprezy - Międzynarodowego Biennale Plakatu, zorganizowanego po raz pierwszy w 1966 roku.

„I tak ulice polskich miast przekształciły się w otwartą galerię, a pojawienie się każdego nowego plakatu było z uwagą odnotowywane przez przechodniów."

Pomimo tej nobilitującej instytucjonalizacji, prawdziwym żywiołem plakatów pozostała ulica. Rozklejane były często chaotycznie na obdrapanych, szarych murach, płotach i parkanach, zdobiły je jak piękne motyle. Popularną formą prezentacji plakatów były również słupy ogłoszeniowe, zaprojektowane w 1854 przez Ernsta Litfassa[7]. Miały na celu uporządkowanie przestrzeni publicznej, jednak nie zdominowały jej na tyle, żeby mogło się to dokonać. Wraz z polityczną transformacją 1989 roku brak odpowiednich regulacji w reklamie zewnętrznej jeszcze zwiększył chaos, zarówno przestrzenny, jak estetyczny. Przy współczesnym wizualnym zaśmieceniu, pojawiające się na zniszczonych murach, płotach oraz słupach ogłoszeniowych piękne, inteligentne i pobudzające do myślenia plakaty polskich mistrzów wydają się ideałem, o którym współczesna ulica może jedynie pomarzyć.

—

1. SPIEGEL Krystyna (réd.), *Muzeum ulicy. Plakat polski w kolekcji Muzeum Plakatu w Wilanowie*, Wydawnictwo Krupski i S-ka, Warszawa, 1996, s. 64.
2. MATUSIŃSKA Maria, MITSCHEIN Barbara, *I Międzynarodowe Biennale Plakatu*, Warszawa, 1966, katalog wystawy, s. 7.
3. *Henryk Tomaszewski*, film dokumentalny w reżyserii Daniela Szczechury z 1995 roku.
4. *Ibid.*
5. *Ibid.*
6. SPIEGEL Krystyna (réd.), *Muzeum ulicy. Plakat polski w kolekcji Muzeum Plakatu w Wilanowie*, Wydawnictwo Krupski i S-ka, Warszawa, 1996, s. 66.
7. Kilkanaście takich słupów wystawił w Warszawie w 1894 roku przedsiębiorca Koepke. Z tego czasu pochodzi jedyny zachowany egzemplarz, który stoi do dziś przy placu Unii Lubelskiej. ŁUCZAK Aleksandra, *Retro reklama. Za kulisami warszawskiego biznesu reklamowego XIX wieku*, Wydawnictwo Neriton, Warszawa, 2012.

Katarzyna Matul

Art historian, author of texts and books on graphic design

Historyczka sztuki, autorka tekstów i książek o projektowaniu graficznym

Pull-out Posters

Plakaty do wyrwania

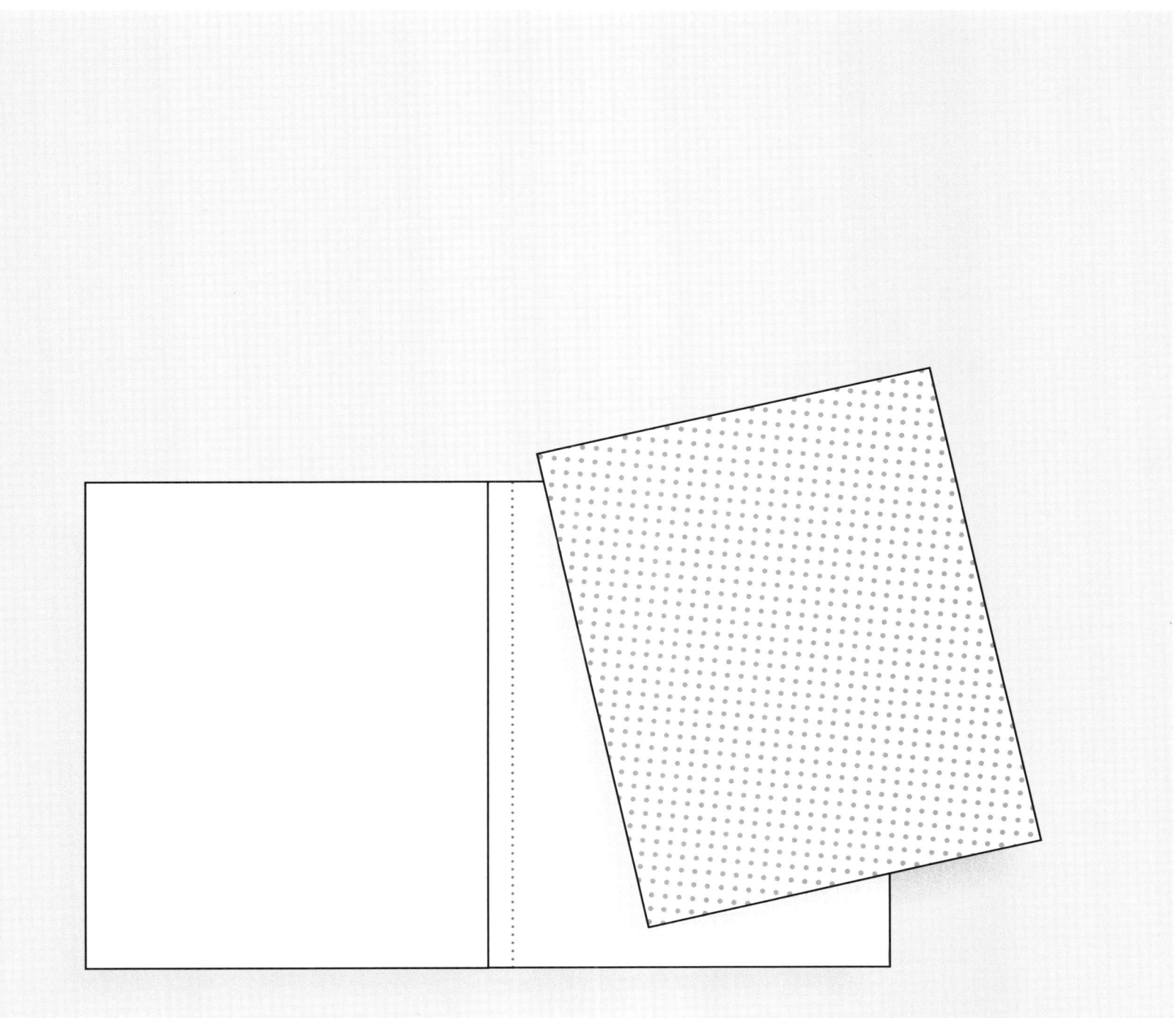

Gently separate the posters by tearing along the micro-perforated lines.

Ostrożnie oderwij plakaty wzdłuż linii mikroperforacji.

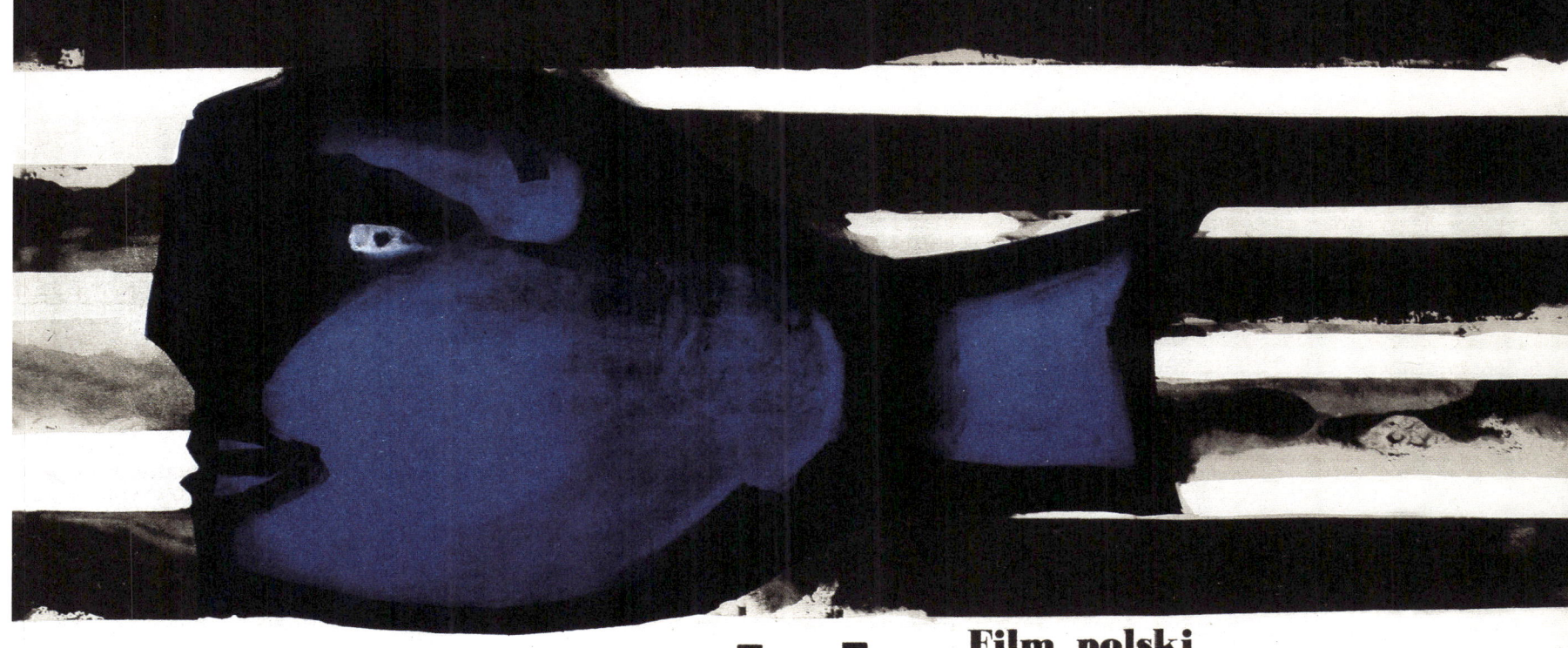

Wiktor Górka | Film poster *The Impossible Goodbye* | Plakat filmowy *Dom Bez Okien*, Stanisław Jędryka | 1962

Film produkcji polskiej
wykonawcy:
WIESŁAW GOŁAS
ELŻBIETA CZYŻEWSKA
DANUTA SZAFLARSKA
JAN ŚWIDERSKI
TADEUSZ FIJEWSKI
HANNA BIELICKA
TADEUSZ KONDRAT i inni

Dom bez okien

reżyseria: **STANISŁAW JĘDRYKA**
Produkcja **ZRF RYTM**

Jakub Erol | Film poster *Weekend at Bernie's* | Plakat filmowy *Weekend u Berniego*, Ted Kotcheff | 1990

Weekend
U BERNIEGO
komedia amerykańska ∗ reżyseria Ted Kotcheff
w rolach głównych: Andrew Mc Carthy
Jonathan Silverman i Catherine Mary Stewart
produkcja — The Rank Organisation
and Gladden Entertainment, 1989

Wiktor Górka | Tourism poster *Hunting in Poland* | Plakat turystyczny *Hunting in Poland* | 1961

The Poster Column

Słup Ogłoszeniowy

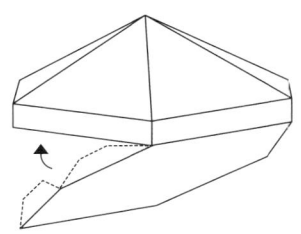

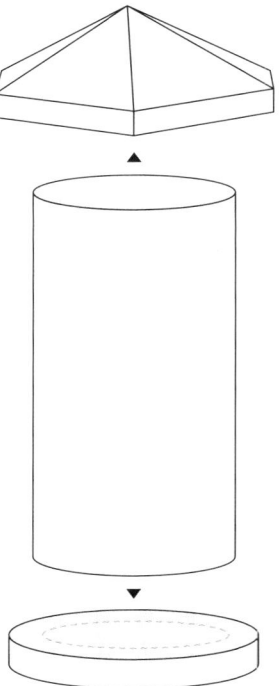

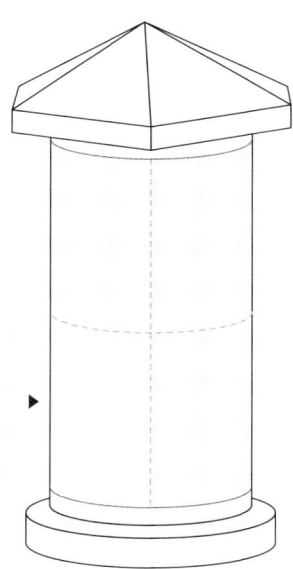

Models are die-cut and pre-folded.
Carefully press all elements out.
Firmly fold all parts before assembling.
Enjoy!

Modele są gotowe do złożenia.
Delikatnie wyjmij je z arkuszy i dobrze zegnij
wzdłuż zaznaczonych linii przed złożeniem.
Dobrej zabawy!

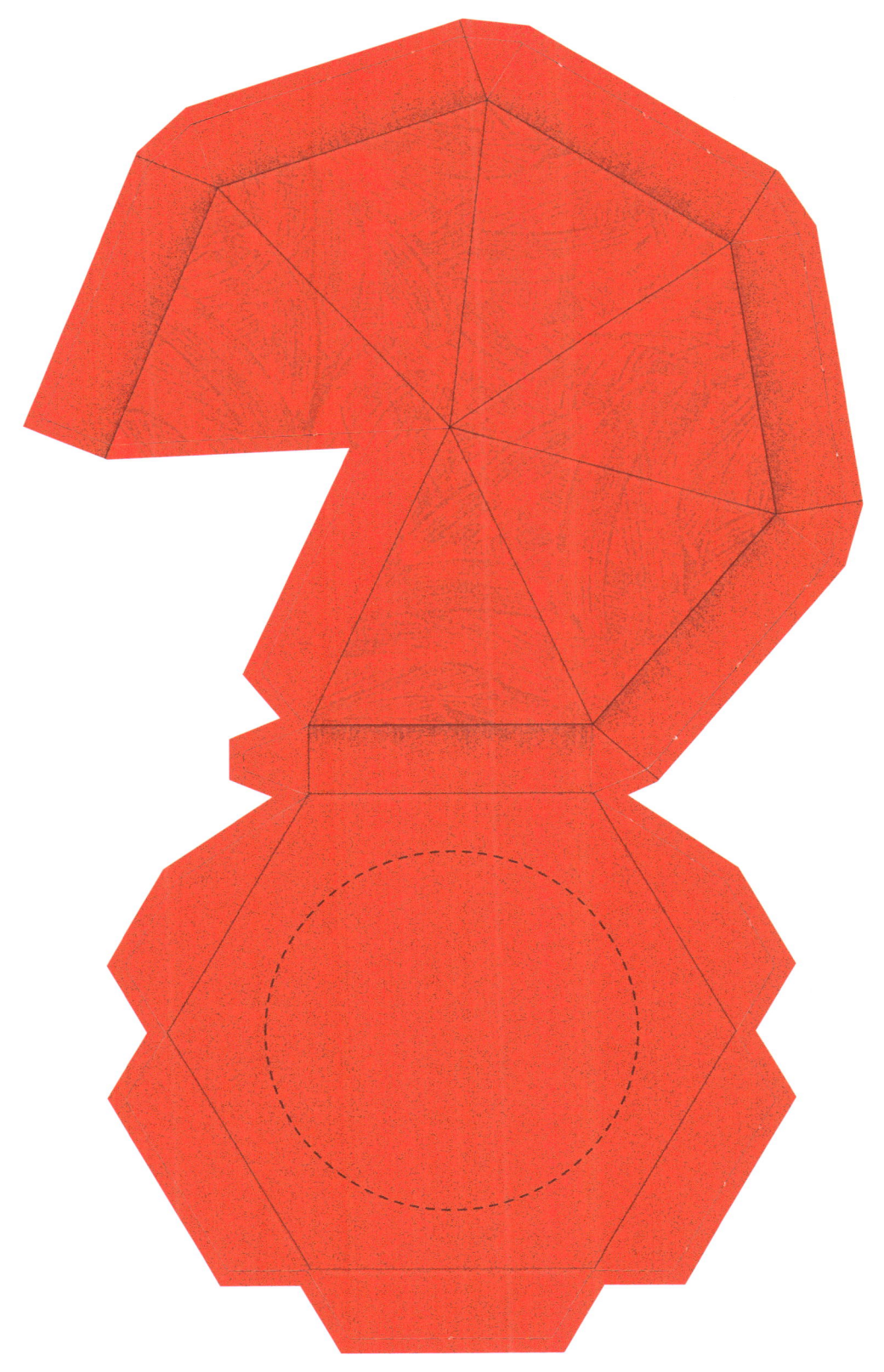

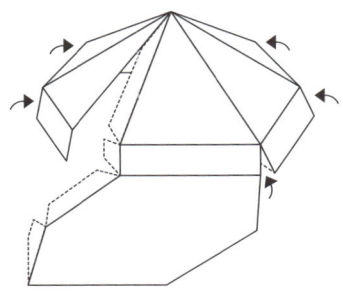 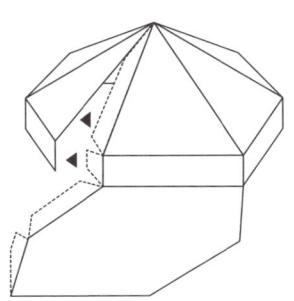 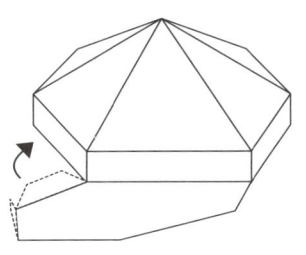 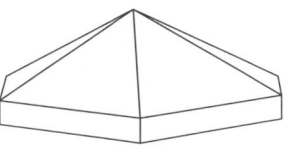

1   **2**   **3**

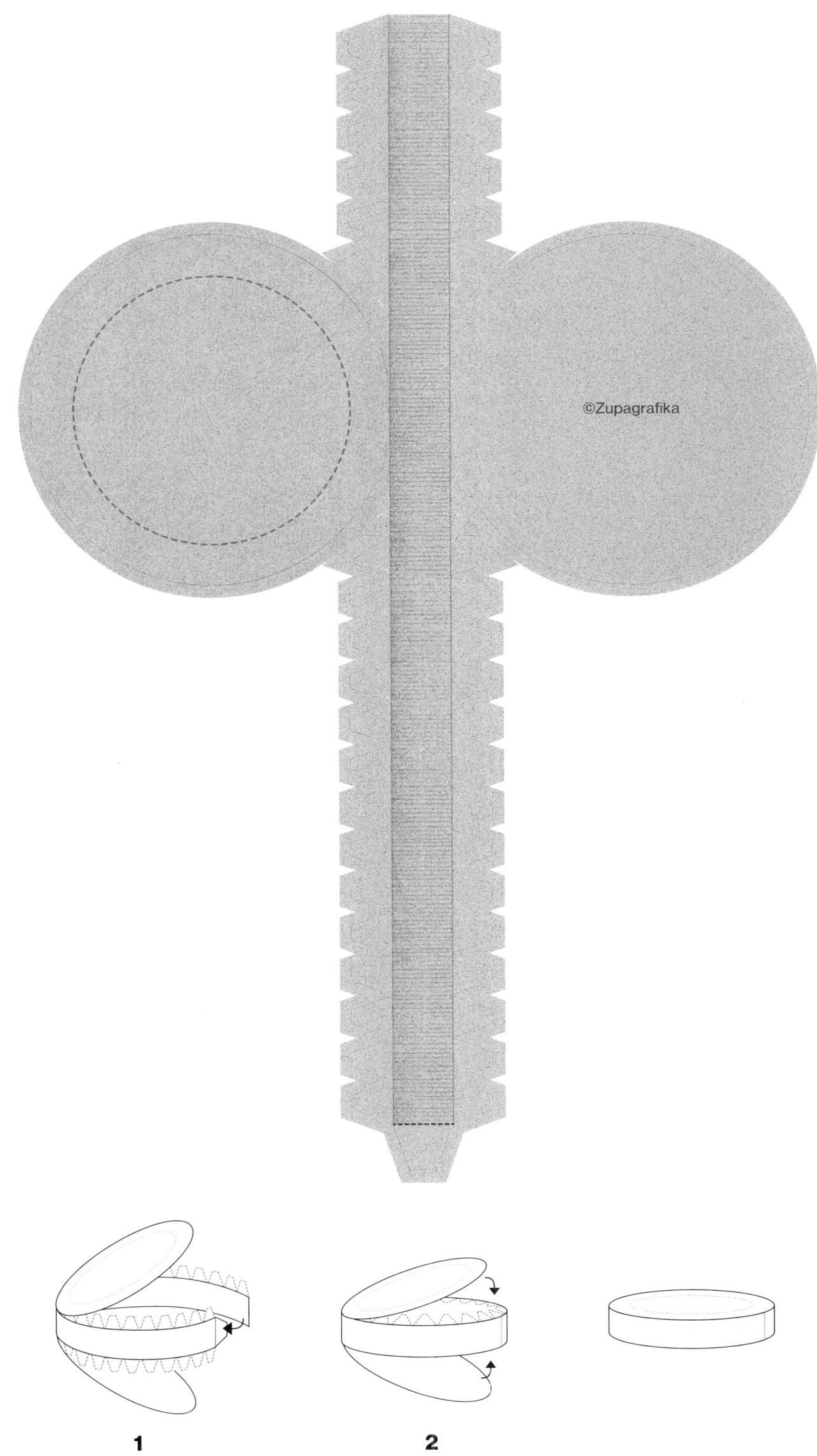

Glue without folding down

Sklej bez zaginania

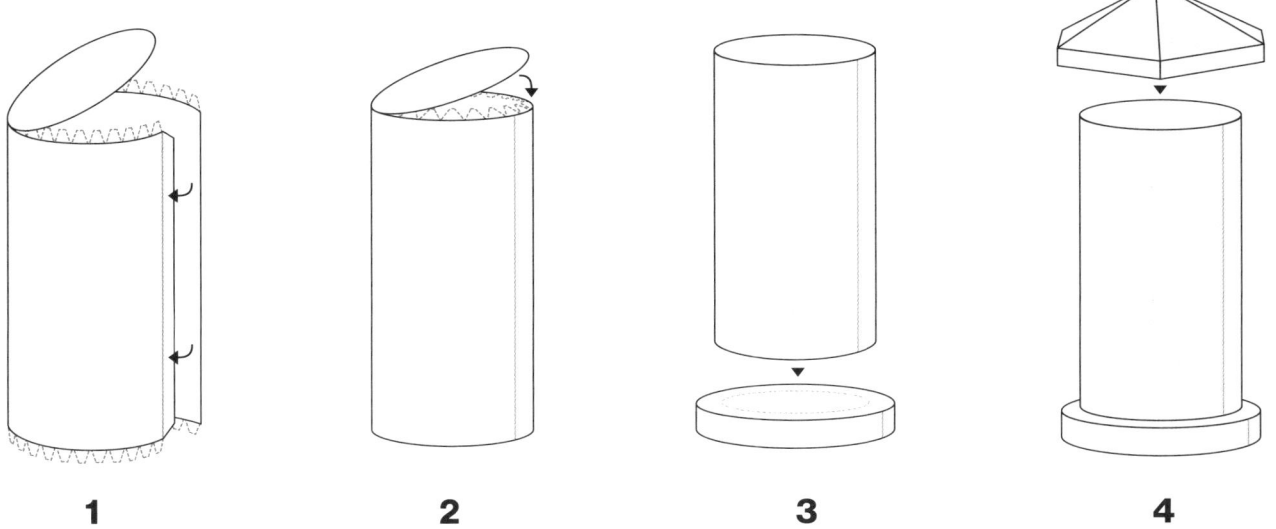

1 **2** **3** **4**

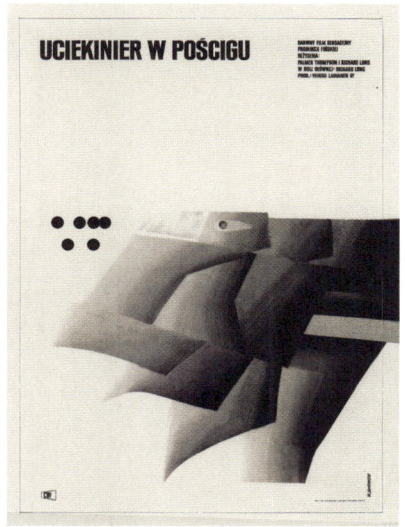

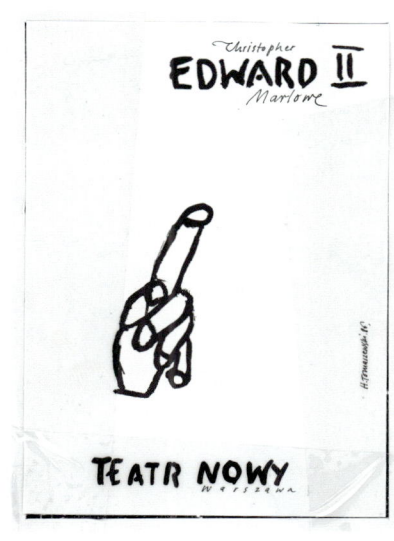

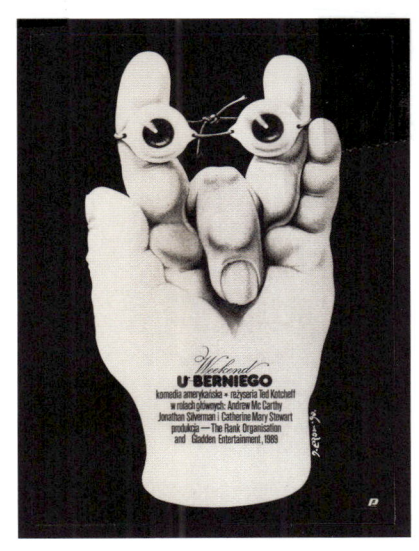
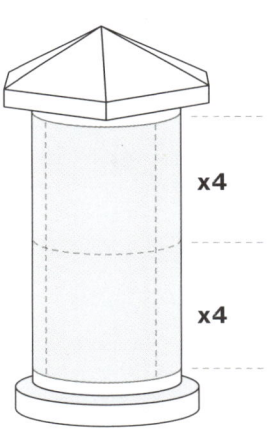

The poster column is designed to fit 8 posters. Select your favourite ones and create your own composition.

Słup ogłoszeniowy zmieści 8 plakatów. Wybierz swoje ulubione i stwórz własną kompozycję.

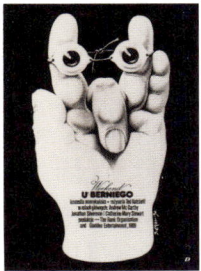

Jakub Erol

Born in 1941 in Zamość, Erol studied at the Academy of Fine Arts in Warsaw and graduated from the poster studio of Henryk Tomaszewski in 1968. He was primarily recognized for film, theatre, and social themed posters, of which he created over a thousand in total. In the 1970s and 1980s, he worked for the National Publishing Agency and the so-called Polish Film (the state-run film production and distribution organisation), among other organizations. In addition to posters, he also created illustrations for books and designed theatrical scenery. Since his childhood, the artist was associated with Łódź, where the Museum of Cinematography organised a large retrospective of his film posters in 2007. He died in Warsaw in 2018.

Urodzony w 1941 roku w Zamościu, Erol studiował w Akademii Sztuk Pięknych w Warszawie, gdzie w 1968 obronił dyplom w pracowni Henryka Tomaszewskiego. Ceniony był przede wszystkim za plakaty filmowe, teatralne czy społeczne, których w sumie stworzył ponad tysiąc, między innymi na zlecenie Krajowej Agencji Wydawniczej, czy we współpracy z tzw. Filmem Polskim w latach 70. i 80. Oprócz plakatów, tworzył też ilustracje do książek i projektował scenografie teatralne. Artysta przez całe swoje twórcze życie związany był też z Łodzią, gdzie mieszkał jako dziecko. To tam Muzeum Kinematografii zorganizowało wielką retrospektywę jego plakatów filmowych w 2007 roku. Erol zmarł w 2018 roku w Warszawie.

Wojciech Fangor

Fangor was born in Warsaw in 1922. At the age of twenty-four he received a diploma from the Academy of Fine Arts in Warsaw, where he later worked as an associate professor between 1953 and 1961. He left Poland for West Berlin in 1961, moving next to the UK, and finally the United States where he lived until 1999. In addition to the posters and paintings that gained enormous recognition worldwide, Fangor's legacy is ever present in the urban space of Warsaw, from op-art mosaics that decorate the Śródmieście train station, to the visual identity of the tube station, completed in 2007. He died in Warsaw in 2015.

Fangor urodził się w Warszawie w 1922 roku. W wieku dwudziestu czterech lat otrzymał dyplom Akademii Sztuk Pięknych w Warszawie, gdzie w latach 1953–1961 pracował już jako docent. W 1961 roku przebywał na emigracji, najpierw w Berlinie Zachodnim, później w Wielkiej Brytanii, a w końcu w Stanach Zjednoczonych, gdzie mieszkał do 1999 roku. Oprócz plakatów i obrazów, które zdobyły olbrzymie międzynarodowe uznanie, Fangor zostawił po sobie sporą spuściznę w przestrzeni miejskiej naszej stolicy, od opartowych mozaik, które zdobią dworzec Warszawa Śródmieście, po projekt stacji metra, ukończony w 2007 roku. Zmarł w 2015 roku w Warszawie.

Jerzy Flisak

Born in 1930 in Warsaw, Flisak graduated from the Faculty of Architecture at the Warsaw University of Technology. His satirical drawings were first published in 1950 in the weekly *Szpilki*, where a few years later he worked as a graphic editor. In 1961 he received the Award of the Minister of Culture and Art for his satirical work. He also drew for such magazines as *Polityka, Przegląd Kulturalny,* and *Świerszczyk*. His film poster career commenced in the mid-1950s and the works he created were characterised by his intrinsic sense of humour and out-of-the-box free illustrative style. Flisak was also associated with the Cartoon Film Studio in Bielsko-Biała, where he was responsible for the graphic design and scenography of animated films. He died in Warsaw in 2008.

Urodzony w 1930 roku w Warszawie, Flisak jest absolwentem wydziału architektury Politechniki Warszawskiej. Jego rysunki satyryczne po raz pierwszy zostały opublikowane w 1950 roku na łamach tygodnika *Szpilki*, gdzie kilka lat później pracował już jako redaktor graficzny. W 1961 roku otrzymał Nagrodę Ministra Kultury i Sztuki za swoją twórczość satyryczną. Rysował też dla takich magazynów jak *Polityka, Przegląd Kulturalny* czy *Świerszczyk*. Od połowy lat 50. zajmował się plakatem filmowym, w którym bez trudu dostrzec można jego nieodłączne poczucie humoru oraz swobodny styl, wymykający się wszelkim schematom. Flisak związany był też ze Studiem Filmów Rysunkowych w Bielsku-Białej, gdzie zajmował się oprawą graficzną i scenografią filmów animowanych. Zmarł w 2008 roku w Warszawie.

Wiktor Górka

Górka was born in 1922 in Komorowice, near Bielsko-Biała. After secondary school, he left for Krakow, where he studied graphic design at the Academy of Fine Arts and graduated in 1952. He also studied painting in the studio of Jerzy Nowosielski and Tadeusz Kantor. His exceptional visual communication skills quickly granted him his first commissions for logos and, later, editorial design and film posters that brought him the fame of one of the precursors of the Polish School of Posters. In the 1990s, Górka lived in Mexico, where he taught design at several art academies. He died in Warsaw in 2004.

Górka urodził się w 1922 roku w Komorowicach, obok Bielska-Białej. Po szkole wyjechał na studia do Akademii Sztuk Pięknych w Krakowie, gdzie w 1952 roku obronił dyplom na wydziale projektowania graficznego. Studiował również malarstwo w pracowni Jerzego Nowosielskiego i Tadeusza Kantora. Jego wyjątkowa umiejętność komunikacji wizualnej szybko zapewniła mu pierwsze zlecenia na logotypy, a później edytoriale i plakaty filmowe, które przyniosły mu największą popularność i zapisały artystę w historii jako jednego z prekursorów Polskiej Szkoły Plakatu. W latach 90. Górka mieszkał w Meksyku, gdzie wykładał projektowanie na kilku uczelniach wyższych. Zmarł w 2004 roku w Warszawie.

Maria „Mucha" Ihnatowicz

Maria a.k.a. "Mucha" Ihnatowicz was born in 1937 in Brest (today Belarus). In 1957 she began her studies at the graphics department of the Academy of Fine Arts in Warsaw, where she was mentored by Henryk Tomaszewski, and obtained her diploma in 1962. Ihnatowicz was one of the few women to become a renowned representative of the Polish School of Posters. She is recognized primarily for her film posters and book covers. From the mid-1960s to the 1990s she was responsible for the visual identity of *Klub Interesującej Książki*, a fiction book series published by the National Publishing Institute. Today, the poster artist lives and works in Warsaw.

Maria a.k.a. „Mucha" Ihnatowicz urodziła się w 1937 roku w Brześciu nad Bugiem (dziś Białoruś). W 1957 roku rozpoczęła studia na wydziale grafiki Akademii Sztuk Pięknych w Warszawie pod okiem Henryka Tomaszewskiego, u którego w 1962 roku obroniła dyplom. Ihnatowicz była jedną z nielicznych kobiet, których nazwisko zapisało się na równi z męskimi przedstawicielami Polskiej Szkoły Plakatu. Artystka kojarzona jest przede wszystkim z plakatem filmowym i okładkami książkowymi. Od połowy lat 60. do lat 90. odpowiadała za identyfikację wizualną *Klubu Interesującej Książki*, serii publikacji fabularnych wydawanej przez Państwowy Instytut Wydawniczy. Plakacistka dziś mieszka i tworzy w Warszawie.

Witold Janowski

Born in 1926 in Warsaw, Janowski was an architect and visual artist by education. He graduated from the Warsaw University of Technology and the State College of Fine Arts in Poznań. From 1971 to 1992, whilst an associate professor, he ran his graphic design studio at the State College of Fine Arts in Gdańsk. The artist's work combined his passion for architecture and fine arts. From 1967 to 1970 he was the creative director of the monthly magazine *Architektura*. Janowski's work is known to a wider audience thanks to the visual identities and posters he designed, particularly that of the Warsaw International Book Fair, which has remained the official graphic symbol of the event for 54 years. He died in Warsaw in 2006.

Urodzony w 1926 w Warszawie, Janowski z wykształcenia był architektem i artystą plastykiem. Studia ukończył na Politechnice Warszawskiej oraz Państwowej Wyższej Szkole Sztuk Plastycznych w Poznaniu. Od 1971 do 1992 już jako docent prowadził swoją pracownię projektowania graficznego w PWSSP w Gdańsku. Twórczość Janowskiego od początku łączyła jego zamiłowanie do architektury i sztuk plastycznych. W latach 1967 do 1970 był dyrektorem kreatywnym miesięcznika *Architektura*. Szersza publika poznała jego prace przede wszystkim za sprawą zaprojektowanych przez niego identyfikacji wizualnych oraz plakatów, szczególnie tego dla Międzynarodowych Targów Książki, który pozostał oficjalnym symbolem graficznym wydarzenia przez kolejne 54 lata. Janowski zmarł w 2006 roku w Warszawie.

Jan Lenica

Born in 1928 in Poznań and the son of the renowned abstract painter Alfred Lenica, Jan Lenica is considered one of the precursors of the Polish School of Posters. An architect by education, he graduated from the Warsaw University of Technology. He was passionate about animation (he created numerous films in collaboration with Walerian Borowczyk), poster design, illustration, and caricature. Lenica worked as a draftsman, published critical texts on graphic design and was the art editor of the *Szpilki* weekly. In 1954 he became an assistant at the poster department of the Academy of Fine Arts in Warsaw. In the 1960s he lived in Paris and later in the United States where he taught in the poster studio at Harvard University. In 1986 he settled permanently in Berlin, where he died in 2001.

Urodzony w 1928 roku w Poznaniu, syn malarza Alfreda Lenicy, Jan Lenica uważany jest za jednego z prekursorów Polskiej Szkoły Plakatu. Z wykształcenia architekt po studiach na Politechnice Warszawskiej, z zamiłowania twórca filmów animowanych (wiele z nim powstało we współpracy z Walerianem Borowczykiem), plakatów, ilustracji i karykatur. Lenica pracował jako rysownik i krytyk artystyczny, był także redaktorem artystycznym tygodnika *Szpilki*. Od 1954 roku pracował jako asystent w katedrze plakatu Akademii Sztuk Pięknych w Warszawie. W latach 60. wyjechał, najpierw do Paryża, potem do Stanów Zjednoczonych, gdzie na Uniwersytecie Harvarda wykładał w pracowni plakatu. W 1986 roku osiedlił się na stałe w Berlinie, gdzie zmarł w 2001 roku.

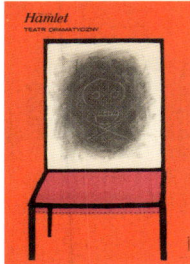

Henryk Tomaszewski

Tomaszewski was one of the most well-known names of the Polish School of Posters in the international arena and was facetiously referred to as "King Henry". Tomaszewski was born in 1914 in Warsaw. After graduating from a school of graphic design he began his education at the Academy of Fine Arts in Warsaw in the 1930s. Between 1952 and 1985, he ran his own poster studio at his Alma Mater, where he had ascended to the role of professor and mentored numerous future poster masters. He became famous for his simple style and minimal, almost laconic graphics, which communicated the content of the posters with sophisticated irony, always hitting the nail on the head. He developed his specific sense of humour while working for satirical periodicals during the Second World War. The artist's work has been awarded at numerous international poster biennials, and the artistry of his works has ensured that they remain contemporary to this day. Tomaszewski died in Warsaw in 2005.

Jedno z najbardziej znanych nazwisk reprezentujących Polską Szkołę Plakatu na arenie międzynarodowej, żartobliwie nazywany „królem Henrykiem". Tomaszewski urodził się w 1914 roku w Warszawie. Po ukończeniu szkoły projektowania graficznego w latach 30. podjął edukację na warszawskiej Akademii Sztuk Pięknych, w której w latach 1952-1985 prowadził swoją pracownię plakatu już jako profesor, będąc mentorem wielu przyszłych mistrzów plakatu. Zasłynął prostym stylem oraz minimalną, lakoniczną grafiką, która z wyrafinowaną ironią komunikowała treść plakatów, trafiając w samo sedno. To specyficzne poczucie humoru, plakacista wykształcił pracując dla satyrycznych periodyków w czasie drugiej wojny światowej. Dorobek artysty był nagradzany podczas licznych międzynarodowych biennale plakatu, a kunszt jego dzieł sprawia, że pozostają współczesne do dziś. Tomaszewski zmarł w 2005 roku w Warszawie.

Author

Zupagrafika are David Navarro and Martyna Sobecka, an independent publisher, author and graphic design studio, established in 2012 in Poznań, Poland, celebrating modernist architecture, design and photography in a unique and playful way. Their posters were exhibited at several editions of the Warsaw International Poster Biennale, among others.

Over the last decade, David and Martyna have created, illustrated and published widely acclaimed books exploring the post-war modernist and brutalist architecture of the former Eastern Bloc and beyond, such as *Miasto Blok-How* (2012), *Blok Wschodni* (2014), *Blokowice* (2016), *Brutal London* (Prestel, 2016), *Brutal East* (2017), *The Constructivist* (2017), *Modern East* (2017), *Brutal Britain* (2018), *Hidden Cities* (2018), *Panelki* (2019), *Eastern Blocks* (2019), *Concrete Siberia* (2020), *Brutal Poland* (2020), *Monotowns* (2021), *Brutal East vol. II* (2021), *The Tenants* (2022), *Soviet Playgrounds* (2022).

Słup is an interactive art book celebrating the Polish School of Posters through some of its most iconic film, theatre, and cultural affiches, together with an outstanding urban equipment used to display them - the poster column (*słup ogłoszeniowy* in Polish).

Autor

Zupagrafika to David Navarro i Martyna Sobecka – niezależne wydawnictwo, autor oraz pracownia grafiki założona w 2012 roku w Poznaniu, w niebanalny sposób hołdująca architekturze powojennego modernizmu, fotografii oraz grafice użytkowej. Plakaty Zupagrafiki wystawiane były m.in. na kilku Międzynarodowych Biennale Plakatu w Muzeum Plakatu w Wilanowie.

Od blisko dekady David i Martyna tworzą, ilustrują oraz wydają cieszące się uznaniem książki i inne interaktywne publikacje z papieru, przedstawiające najciekawsze przykłady brutalizmu i modernizmu byłego Bloku Wschodniego i nie tylko, jak *Miasto Blok-How* (2012), *Blok Wschodni* (2014), *Blokowice* (2016), *Brutal London* (Prestel, 2016), *Brutal East* (2017), *The Constructivist* (2017), *Modern East* (2017), *Brutal Britain* (2018), *Hidden Cities* (2018), *Panelki* (2019), *Eastern Blocks* (2019), *Concrete Siberia* (2020), *Brutal Poland* (2020), *Monotowns* (2021), *Brutal East vol. II* (2021), *The Tenants* (2022), *Soviet Playgrounds* (2022).

Słup to interaktywna książka artystyczna, celebrująca Polską Szkołę Plakatu poprzez jedne z najbardziej kultowych afiszy filmowych, teatralnych i kulturalnych, oraz wyjątkowy obiekt służący do ich ekspozycji - słup ogłoszeniowy.

Acknowledgements

Podziękowania

Zupagrafika would like to thank

Zupagrafika pragnie podziękować

Katarzyna Matul, Maria „Mucha" Ihnatowicz, Aurelia & Henryk Górka, Filip Pągowski, Agnieszka Szewczyk, Sylwia & Karolina Erol, Laura Czarnocka, Piotr & Mikołaj Kamil Flisak, Elżbieta Siemianowska, Rene Wawrzkiewicz, Harriet & Sylwia (Projekt 26), Maria Horowska, Muzeum Plakatu w Wilanowie, Polski Związek Artystów Plastyków, Terry Poster Collection, Polish Poster Gallery, Filmoteka Narodowa – Instytut Audiowizualny, Narodowe Archiwum Cyfrowe, Polska Agencja Prasowa, ADAGP Paris, Maciej Kabsch, Marta & Maciej Mach, Paquita & Pepe, Kasia & Paweł, Andrés & Judit, Rita & Simón.

—

Copyright © 2023 ZUPAGRAFIKA

Design, cover, model, idea: David Navarro & Martyna Sobecka (Zupagrafika)

Texts & edition: David Navarro & Martyna Sobecka (Zupagrafika)

Foreword: Katarzyna Matul

Posters: Jan Lenica (p. 15), Henryk Tomaszewski (pp. 17, 19), Wiktor Górka (pp. 21, 33), Wojciech Fangor (p. 23), Jakub Erol (p. 25), Maria „Mucha" Ihnatowicz (p. 27), Jerzy Flisak (p. 29), Witold Janowski (p. 31)

Photographs: Mariusz Szyperko (p. 4), Grażyna Rutowska (p. 7), Zbyszko Siemaszko (pp. 8-9), David Navarro & Martyna Sobecka (p. 10)

Contents page: Detail of "Uciekinier w Pościgu", Witold Janowski (pp. 2-3)

© for the model, text, design: Zupagrafika, 2023

© for the posters: ADAGP, Paris, 2022 (p. 15); Filip Pągowski (pp. 17, 19); Henryk Górka, courtesy of Filmoteka Narodowa – Instytut Audiowizualny (pp. 21, 33); Muzeum Plakatu w Wilanowie (p. 23); Sylwia Erol & Karolina Erol, courtesy of Filmoteka Narodowa – Instytut Audiowizualny (p. 25); Maria "Mucha" Ihnatowicz, courtesy of Terry Poster Collection. terryposters.com (p. 27); Piotr & Mikołaj Kamil Flisak (p. 29); Laura Czarnocka, courtesy of Filmoteka Narodowa – Instytut Audiowizualny (pp. 2, 3, 31)

© for the photographs: PAP/Mariusz Szyperko (p. 4), NAC Narodowe Archiwum Cyfrowe (p. 7, 8, 9), Zupagrafika (p. 10)

All Rights Reserved. No part of this publication may be reproduced or transmitted in any form or by any means, electronic or mechanical, including photocopy, recording or any other information storage and retrieval system, without prior permission in writing from the publisher and/or their respective authors.

Published by Zupagrafika
Poznań, Poland. 2023

Printed in Poland
Paper from responsible sources
ISBN 978-83-963268-3-6
www.zupagrafika.com

—

Copyright © 2023 ZUPAGRAFIKA

Projekt, okładka, model, pomysł:
David Navarro & Martyna Sobecka (Zupagrafika)

Teksty i edycja: David Navarro & Martyna Sobecka (Zupagrafika)

Prolog: Katarzyna Matul

Plakaty: Jan Lenica (p. 15), Henryk Tomaszewski (pp. 17, 19), Wiktor Górka (pp. 21, 33), Wojciech Fangor (p. 23), Jakub Erol (p. 25), Maria „Mucha" Ihnatowicz (p. 27), Jerzy Flisak (p. 29), Witold Janowski (p. 31)

Zdjęcia: Mariusz Szyperko (p. 4), Grażyna Rutowska (p. 7), Zbyszko Siemaszko (pp. 8-9), David Navarro & Martyna Sobecka (p. 10)

Spis treści: Fragment plakatu „Uciekinier w Pościgu", Witold Janowski (pp. 2-3)

© model, teksty, projekt: Zupagrafika, 2023

© plakaty: ADAGP, Paris, 2022 (p. 15); Filip Pągowski (pp. 17, 19); Henryk Górka, Fot. Filmoteka Narodowa – Instytut Audiowizualny (pp. 21, 33); Muzeum Plakatu w Wilanowie (p. 23); Sylwia Erol & Karolina Erol, Fot. Filmoteka Narodowa – Instytut Audiowizualny (p. 25); Maria „Mucha" Ihnatowicz, Fot. Terry Poster Collection. terryposters.com (p. 27); Piotr & Mikołaj Kamil Flisak (p. 29); Laura Czarnocka, Fot. Filmoteka Narodowa – Instytut Audiowizualny (pp. 2, 3, 31)

© zdjęcia: PAP/Mariusz Szyperko (p. 4), NAC Narodowe Archiwum Cyfrowe (p. 7, 8, 9), Zupagrafika (p. 10)

Wszelkie prawa zastrzeżone. Żadna część niniejszej publikacji nie może być reprodukowana lub rozpowszechniana w jakiejkolwiek formie i w jakikolwiek sposób (w tym także elektroniczny lub mechaniczny na wszelkich polach eksploatacji), włącznie z kopiowaniem, nagrywaniem, przetwarzaniem i wpisywaniem do pamięci lub do innych systemów do przechowywania i zapisu danych, bez pisemnej zgody wydawcy i/lub jej autorów.

Wydawca: Zupagrafika
Poznań, 2023

Książka została wydrukowana w Polsce.
Papier pochodzi z odpowiedzialnych źródeł.
ISBN 978-83-963268-3-6
www.zupagrafika.com